100 Activities!

Teen Activity Book

MAZES - WORD SEARCH - SUDOKU - COLORING AND MORE!

BOOK ONE

Copyright © 2023 by Mattison Savage
All Rights reserved. No part of this publication may be reproduced, distributed, or transmitted in any form or by any means, including photocopying, recording, or other electronic or mechanical methods, without the prior written permission of the publisher.

ALL ABOUT ME!

I am _____ years old and I live in _____

Me!

My favorite activity is

My favorite food is

My favorite subject is

My favorite book is

Want to play FREE games?

Play FREE video versions of our games here:

https://bit.ly/mattisonsavage

Subscribe to our channel to get notifications of new games!

Want a freebie?

Check out the end of the book to get a fun FREE gift!

Look for more Teen Activity Books by Mattison Savage

MASH
MANSION | APARTMENT | SHACK | HOUSE

Count the rings on the spiral to get your magic number. Go through each category counting until you get to the magic number then mark what you land on off until you are left with only one choice in each category.

Draw the magic spiral below with your eyes closed. Stop when you are ready.

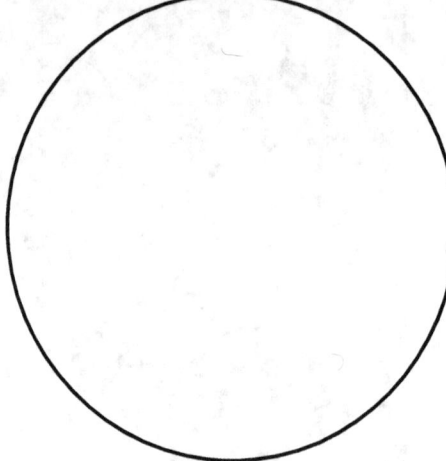

Count the rings on the spiral to get your magic number.

Magic Number: _____

Spouse

Salary

# of Kids

Job

Car

City

LICENSE PLATE SCAVENGER HUNT

Check off each as you find it!

- ☐ Has the Letter "B"
- ☐ Has the Letter "Z"
- ☐ Has the Number "C"
- ☐ Has the Letter "F"
- ☐ Has the Number "4"
- ☐ Has the Number "8"
- ☐ Has the Letter "A"
- ☐ Has the Number "1"
- ☐ Has the Letter "X"

NEVER HAVE I EVER GAME

Check off each item below that you have done. Each checked item is one point. Next add your total points and see how you scored!

☐ **Never have I ever met a celebrity.**

☐ **Never have I ever built a sandcastle.**

☐ **Never have I ever sat on a public toilet.**

☐ **Never have I ever dreamed of being famous.**

☐ **Never have I ever had dandruff.**

What's your score? _____

5 - Wow! You're amazing!
4 - Not too bad
3 - Meh. Kinda boring
2 - Yikes. Not that great
1 - Time to live a little more!

DRAW A PERSON WITH ARMS FOR LEGS AND LEGS FOR ARMS.

Fact or Cap?
(TRUE OR FALSE)

Turning the faucet off while brushing your teeth can save up to 5 gallons of water.

Circle the answer below

T   F

TRIVIA

CIRCLE THE CORRECT ANSWER

WHAT DO YOU CALL A GROUP OF OWLS?

a) cabal
b) republican
c) parliament
d) none of the above

Cryptogram: Secret message puzzle 1

What's the riddle?

Why does ice cream get invited to every party?

A	B	C	D	E	F	G	H	I	J	K	L	M	N	O	P	Q	R	S	T	U	V	W	X	Y	Z

__ __ __ __ __ __ __   __ __   __ __
16 2 22 3 9 8 2   7 10   7 8

__ __ __ __   __ __ __
22 17 17 21   3 23 15

__ __ __ __ __
8 19 2 2 10

Directions: The "Key" at the top of the page lists all the letters from A to Z with a box below. Each of the letters has a number that corresponds to it. The bottom part contains a secret phrase. Each of the blanks under the secret phrase has a number underneath it. Find the letters that correspond to the numbers below the blanks to solve the secret phrase.

Find the Difference 1

Solve the puzzle. Find 9 differences. Circle each one.

Odd Emoji Out 1

Solve the puzzle. Circle the one that is different.

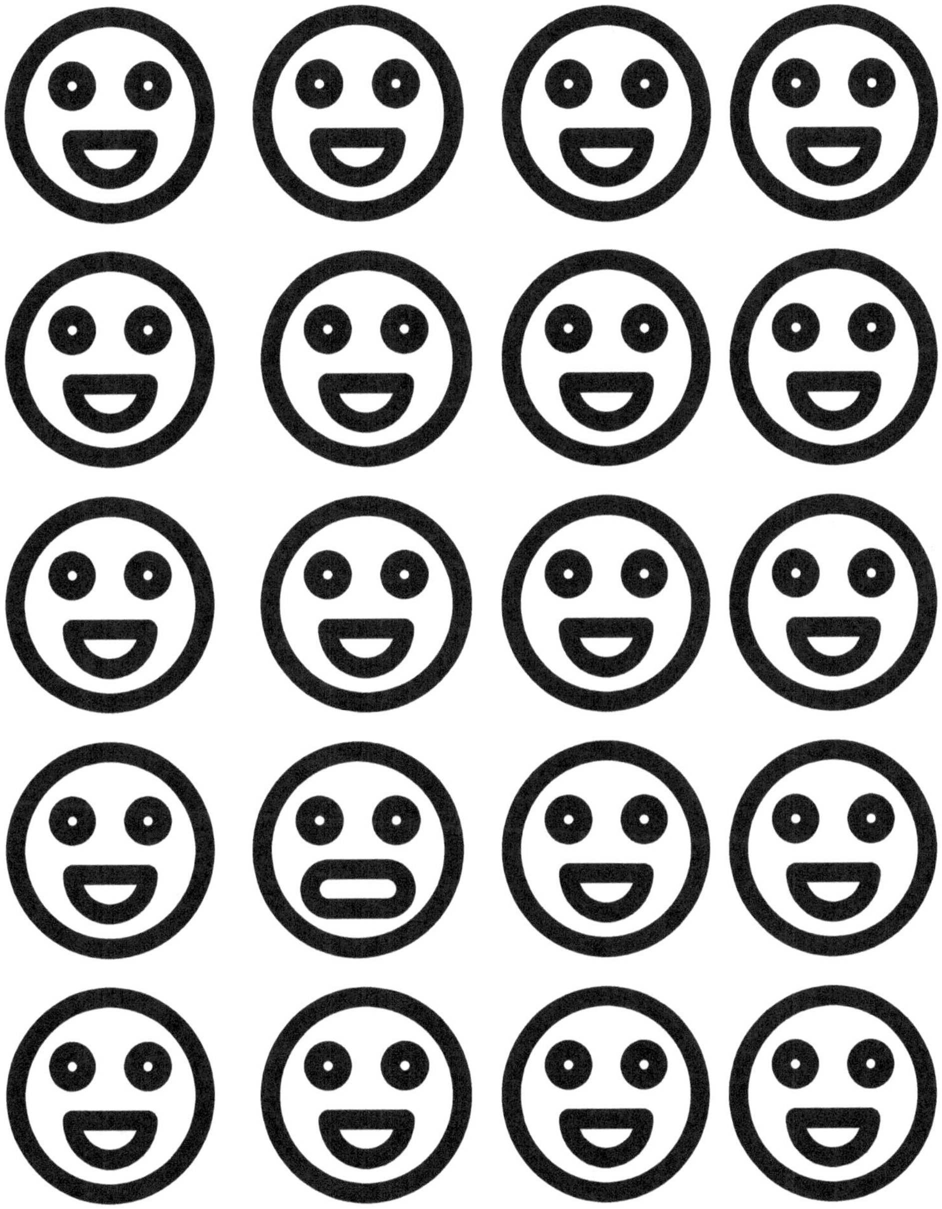

Slice Puzzle 1

Solve the puzzle. Draw each figure in the matching letter and number square below.

Word Search 1

Solve the puzzle. Find the hidden words.

```
F B F S R E C O V E R Y B U O H N E E Z
K E Y O B E T A L O I V N W A L H Z A O
J D A L C E M Z Y C M E N T A L X Z R Z
Y Y D R R A J P B C Q T N X D E F C N D
L R U T I X D R O U B I Y G M J Y A I G
B E A U T Y P E A P B P S A F O O T N G
L I A M I T D V R A U O L R N E V E G J
P A Y A C H H I D T V B N J A W O I S G
A A N R F S B O T I X B R P F E A N N D
D B R Y I Q J U C O I T S O P O L O C C
N C U W V W V S G N K W M P T E I I G E
A O E O X D D I F F E R E N T B S J W
B J T M R I Z C V Y X X G D A A P T N M
S G E E Y E L R D Y O K W C J R E Y R U
U R K V E T C I E P G R I W M A L C A I
H P O Q S N M M L B L L T C Z P L X Z D
P C J U C Z J E A V P V Q S D E I A R E
O L E V V W F Q Y P A U B P E S K D W M
O L J N I X M E A I O F R O M D S X S D
G L M A R K E T I N G B V Y Z R E V O C
```

APPLICATION	DIET	JEWISH	POST
BEAUTY	DIFFERENT	JOKE	PREVIOUS
BLAME	EARNINGS	LAWN	RECOVERY
BOARD	EVEN	MAIL	SEPARATE
COVER	FEAR	MARKETING	SKILL
CRIME	FOOT	MEDIUM	TEEN
CRITIC	FROM	MENTAL	VIOLATE
DELAY	HUSBAND	OCCUPATION	
DESTROY	ISRAELI	ONCE	

Samurai Sudoku 1

Solve the puzzle

Samurai sudoku puzzles consist of five overlapping sudoku grids. The standard sudoku rules apply to each 9 x 9 grid. Place digits from 1 to 9 in each empty cell. Every row, every column, and every 3 x 3 box should contain one of each digit.

Sudoku 1
Solve the puzzle

7	2	3				1	5	9
6			3		2			8
8				1				2
	7		6	5	4		2	
		4	2		7	3		
	5		9	3	1		4	
5				7				3
4			1		3			6
9	3	2				7	1	4

Maze 1

Solve the puzzle. Start at S and end at E.

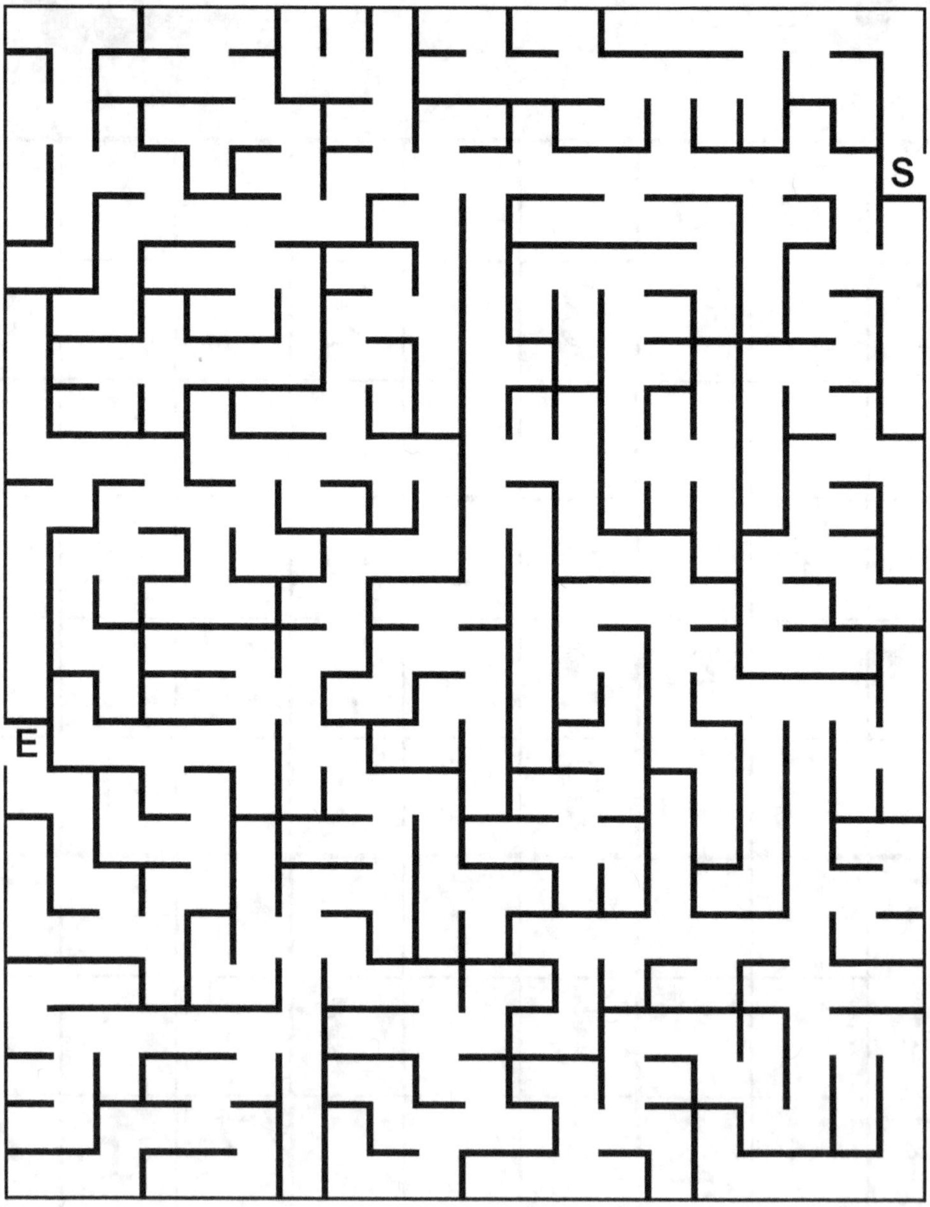

Kakuro 1

Solve the puzzle. The rules of Kakuro are simple - place the numbers 1 to 9 into the puzzle grid so that each continuous horizontal or vertical run of empty squares adds up to the value to the left of it or above it respectively. This value is shown either to the right or below a diagonal line.

DRAW A MOUSE WEARING A COAT AND HAT AND RUNNING ON A TREADMILL

Fact or Cap?
(TRUE OR FALSE)

The indentation in the middle of the area between the nose and the upper lip is called The philtrum.

Circle the answer below

T   F

TRIVIA

Circle the correct answer

WHAT BEES USE TO MAKE HONEY?

a) sugar
b) pollen
c) nectar
d) all of the above

NEVER HAVE I EVER GAME

Check off each item below that you have done. Each checked item is one point. Next add your total points and see how you scored!

- [ ] Never have I ever sneezed into my hands.
- [ ] Never have I ever tried to blame a sibling for something that I did.
- [ ] Never have I ever eaten raw cookie dough.
- [ ] Never have I ever owned a hamster
- [ ] Never have I ever shared food with my dog.

What's your score?_____

5 - Wow! You're amazing!
4 - Not too bad
3 - Meh. Kinda boring
2 - Yikes. Not that great
1 - Time to live a little more!

Odd Emoji Out 2

Solve the puzzle. Circle the one that is different.

Cryptogram: Secret message puzzle 2

WHAT'S THE RIDDLE?

I can make two people out of one. What am I?

A	B	C	D	E	F	G	H	I	J	K	L	M	N	O	P	Q	R	S	T	U	V	W	X	Y	Z

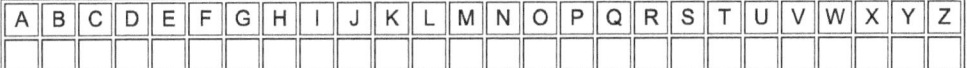

    __   __ __ __ __ __ __
    11   23 6 8 8 3 8

Directions: The "Key" at the top of the page lists all the letters from A to Z with a box below. Each of the letters has a number that corresponds to it. The bottom part contains a secret phrase. Each of the blanks under the secret phrase has a number underneath it. Find the letters that correspond to the numbers below the blanks to solve the secret phrase.

Word Search 2

Solve the puzzle. Find the hidden words.

```
Z R B G E T A L O C O H C K Z G O Z V I
X B O B K B W A O M B H R G G P S E U U
O Z N N W T M P Y K R X U J R D I V D I
T A D C A C V P Q L A A C Q I X B A G Q
A M O U T H Z O D J E E F A Y P L A N E
T T C B Q A L I S E H T P A B C O S L A
O B V Z G R A N I R S N I B S F R E S H
P T B K K A N T S T G C E N I S O G K Y
C N D N X C O M E E T L X D I L A M Q D
E I P I R T I E H L R A M U O F L U L K
Z A H P Y E T N T I I S G T N O E I L D
I R O T B R U T O F B S X U V D W D O T
N E L J C I T F P O E I J Y H E F G W N
G D Y U A S I R Y R I C L D Z M G J P I
O U M X K T T I H P K P R O P E R E V T
C L G T E I S M I W E C P N E R A W A A
E C N I P C N D Z E U S A O E L X G Y L
R N Q S Q C I T D B X J M T L X M Y O I
Y O Q T C E F F E U W I R J T H J T A A
A C S O V K E R U S A E L P B A Z C G N
```

AIDS
ALSO
APPOINTMENT
ASSAULT
ATTACK
AWARE
BILLION
BOND
CAKE
CHARACTERISTIC
CHOCOLATE
CLASSIC
CONCLUDE
DEEPLY
DEFINITELY
EFFECT
FARM
FRESH
HOLY
HYPOTHESIS
INSTITUTIONAL
ITALIAN
MOUTH
PEAK
PINK
PLANE
PLEASURE
POTATO
PROFILE
PROPER
RAIN
RECOGNIZE
TRIBE
TRIP
WOODEN

Samurai Sudoku 2
Solve the puzzle

Samurai sudoku puzzles consist of five overlapping sudoku grids. The standard sudoku rules apply to each 9 x 9 grid. Place digits from 1 to 9 in each empty cell. Every row, every column, and every 3 x 3 box should contain one of each digit.

Maze 2

Solve the puzzle. Start at S and end at E.

NEVER HAVE I EVER GAME

Check off each item below that you have done. Each checked item is one point. Next add your total points and see how you scored!

☐ **Never have I ever gone sledding.**

☐ **Never have I ever sang loudly and messed the lyrics.**

☐ **Never have I ever clogged someone else's toilet.**

☐ **Never have I ever pretended that I didn't fart when I actually did.**

☐ **Never have I ever eaten food out of the trash can.**

What's your score?_____

5 - Wow! You're amazing!
4 - Not too bad
3 - Meh. Kinda boring
2 - Yikes. Not that great
1 - Time to live a little more!

Fact or Cap?
(TRUE OR FALSE)

Archaeologists recently discovered a primitive coffee filter from 3200 BC.

Circle the answer below

T   F

**DRAW A PIECE OF BROCCOLI
EATING A SLICE OF CAKE**

Trivia

Circle the correct answer

IN THE WIZARD OF OZ, WHAT WAS THE LION LOOKING FOR?

a) courage
b) power
c) love
d) all of th above

Kakuro 2

Solve the puzzle. The rules of Kakuro are simple - place the numbers 1 to 9 into the puzzle grid so that each continuous horizontal or vertical run of empty squares adds up to the value to the left of it or above it respectively. This value is shown either to the right or below a diagonal line.

Word Scramble 1
Unscramble the words

EOCNIDIS _____

APEDRPSAI _____

DRAIWGN _____

TDREOI _____

ENEPSXE _____

RFIA _____

WOOLFL _____

REAG _____

YHGIHL _____

TLUATEEICLNL _____

UMTSBI _____

EITNVI _____

ENOT _____

HSCIMENAM _____

LOOT _____

CTEION _____

DIMSWO _____

RIEPONNTM _____

TREEPDN _____

RIIPTS _____

Sudoku 2
Solve the puzzle

		7	1	5		9		
		9	4	3				
5					2		1	3
		6	5		4		2	9
4	3			8			5	7
9	7		3		1	4		
7	6		2					5
				9	6	2		
		3		4	5	6		

Find the Difference 2
Solve the puzzle. Find 9 differences. Circle each one.

Slice Puzzle 2

Solve the puzzle. Draw each figure in the matching letter and number square below.

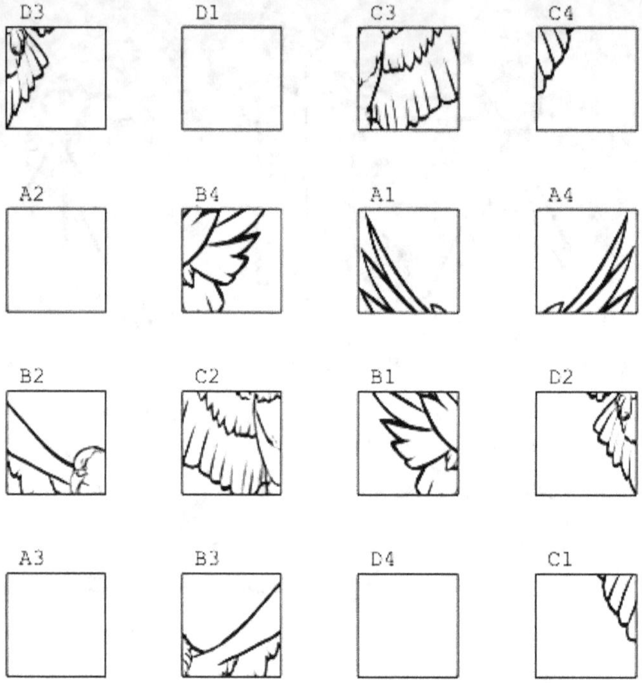

D3 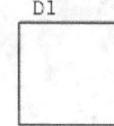 D1  C3 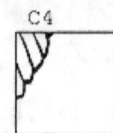 C4 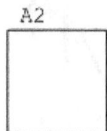

A2   B4  A1  A4

B2 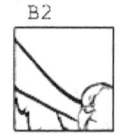 C2  B1  D2

A3 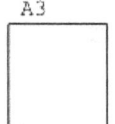 B3 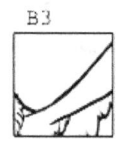 D4 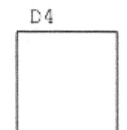 C1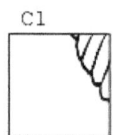

	1	2	3	4
A				
B				
C				
D				

Maze 3

Solve the puzzle. Start at S and end at E.

Odd Emoji Out 3

Solve the puzzle. Circle the one that is different.

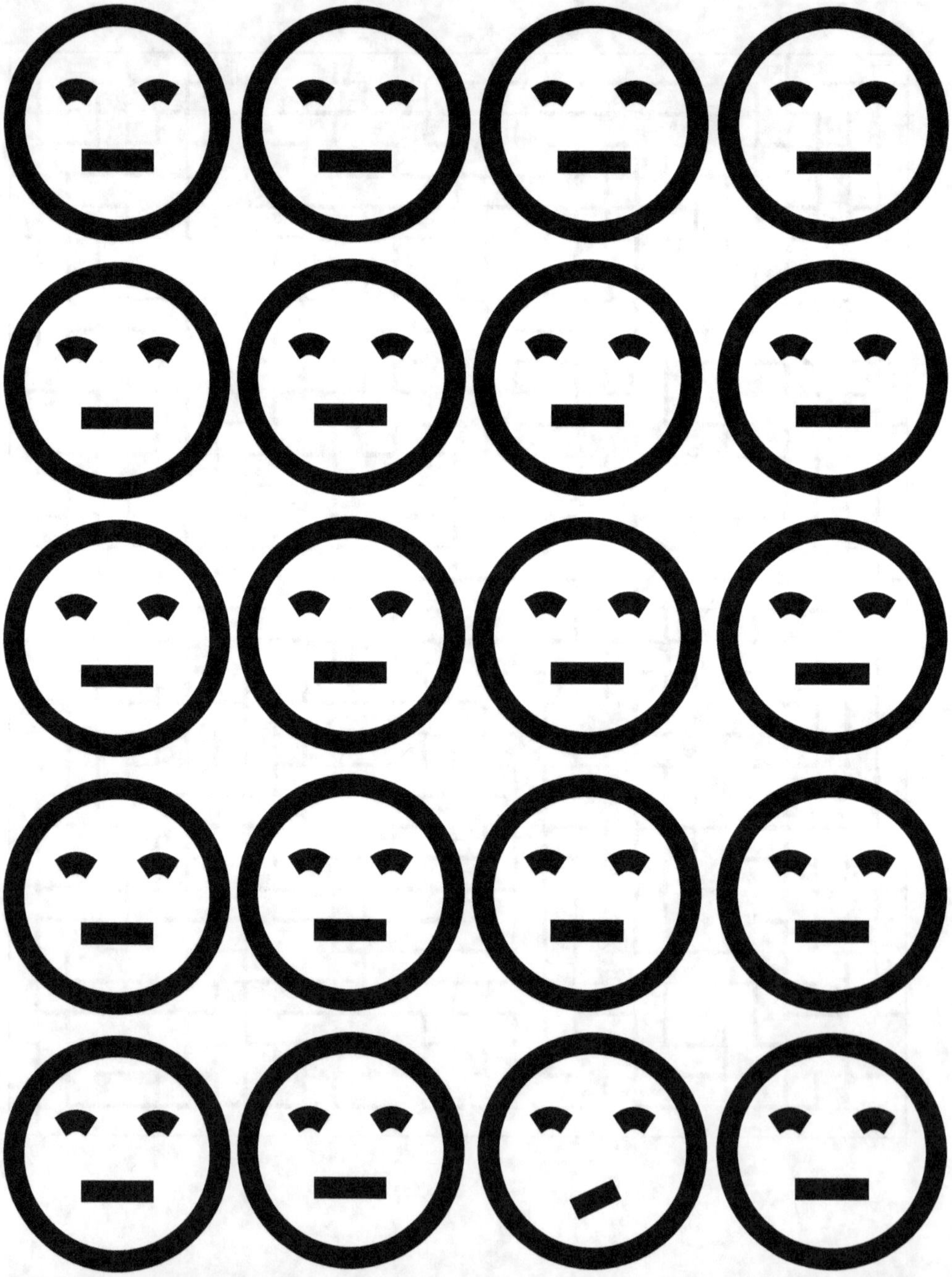

Cryptogram: Secret message puzzle 3

What's the riddle?

I am dirty when I'm white, and clean when I'm black. What am I?

A	B	C	D	E	F	G	H	I	J	K	L	M	N	O	P	Q	R	S	T	U	V	W	X	Y	Z

__ __ __ __ __ __ __ __ __ __ __
1   17 11 1 10 22 17 23 1 7 20

Directions: The "Key" at the top of the page lists all the letters from A to Z with a box below. Each of the letters has a number that corresponds to it. The bottom part contains a secret phrase. Each of the blanks under the secret phrase has a number underneath it. Find the letters that correspond to the numbers below the blanks to solve the secret phrase.

Fact or Cap?
(TRUE OR FALSE)

Trees, not whales, are the largest living organisms on Earth today.

Circle the answer below

T F

 **DRAW A HAPPY PINEAPPLE.**

Word Search 3
Solve the puzzle. Find the hidden words.

```
U P Y A Z C W C E L P I T L U M E B Y T
G I Y M H E A K N T R E W A E L E R K P
K T P O O R W M W C H S N T Q H R K B A
N C S U E N C E H E E A A J A O O A F N
A H K F C O O I P I O R N V P G T C R E
O P U V E M L C Z D E F I E Z X A R E L
S L L N K D L E E P K O A F K H M O Q K
C E V X H U M Q O K R M Z S M A O S U E
A P L O V U A C L O T H E S H I T S E V
H W O L N O I T A N A L P X E I B J N I
E D H B P G H S T T D P A V C R O M T T
D D T R P A R W E U L B L T O E C N L I
I Y R L E C R U O S R M Q Z I T L X Y S
S T L E T S N I A G A V R P K G E A C O
C I L Y A N G B X S C H O L A R I O T P
O M A V E M G I R T F J Y R O T S D K Y
U R R Y R T N E R A P C E L E B R A T E
R E E J B E I W F Y P O T E N T I A L Q
S P V S S Q V C S K Q D J R F C W Q O E
E W O H W Q T O Y G E C U D O R T N I H
```

ACROSS
AGAINST
BEHAVIOR
BLUE
CAREFUL
CELEBRATE
CHILDHOOD
CLOTHES
DIGITAL
DISCOURSE
DREAM
ECONOMY
EXPLANATION
FASHION
FREQUENTLY
INTRODUCE
MULTIPLE
OPERATE
OVER
OVERALL
PANEL
PARENT
PERMIT
PITCH
POSITIVE
POTENTIAL
ROPE
SCHOLAR
SEIZE
SELL
SOURCE
STORY
TALE
THAN
TOMATO
VOTE
WRAP

Samurai Sudoku 3

Samurai sudoku puzzles consist of five overlapping sudoku grids. The standard sudoku rules apply to each 9 x 9 grid. Place digits from 1 to 9 in each empty cell. Every row, every column, and every 3 x 3 box should contain one of each digit.

NEVER HAVE I EVER GAME

Check off each item below that you have done. Each checked item is one point. Next add your total points and see how you scored!

- ☐ Never have I ever drank milk from the jug.
- ☐ Never have I ever gotten into a fist fight
- ☐ Never have I ever wiped my armpits with a towel instead of showering
- ☐ Never have I ever Googled my own name.
- ☐ Never have I ever had diarrhea and vomited simultaneously.

What's your score?_____

5 - Wow! You're amazing!
4 - Not too bad
3 - Meh. Kinda boring
2 - Yikes. Not that great
1 - Time to live a little more!

TRIVIA
Circle the correct answer

WHERE IS THE GOLDEN GATE BRIDGE LOCATED?

a) New York, NY
b) Chicago, IL
c) San Francisco, CA
d) None of the above

Sudoku 3
Solve the puzzle

1								9
	4		2	6	1		3	
	6			5			1	
		5	6		3	4		
8	1	4	7		5	3	9	6
		9		1		7		
			9	3	4			
4	8		5	7	2		6	3
3								5

Word Scramble 3
Unscramble the Words

ERINET _____

SSHABETIL _____

SARSG _____

TIVCNENIE _____

MOECIN _____

SENLOS _____

HRSU _____

EMHNCIA _____

NSAD _____

TNNIEOM _____

SSCSLCFEUU _____

TUNMO _____

ATHCE _____

EOTOPRRA _____

SSTO _____

POEM _____

NUELC _____

OYPLCI _____

IQUTE _____

RALLEY _____

Kakuro 3

Solve the puzzle. The rules of Kakuro are simple - place the numbers 1 to 9 into the puzzle grid so that each continuous horizontal or vertical run of empty squares adds up to the value to the left of it or above it respectively. This value is shown either to the right or below a diagonal line.

Slice Puzzle 3

Solve the puzzle. Draw each figure in the matching letter and number square below.

Maze 4
Solve the puzzle. Start at S and end at E.

Odd Emoji Out 4

Solve the puzzle. Circle the one that is different.

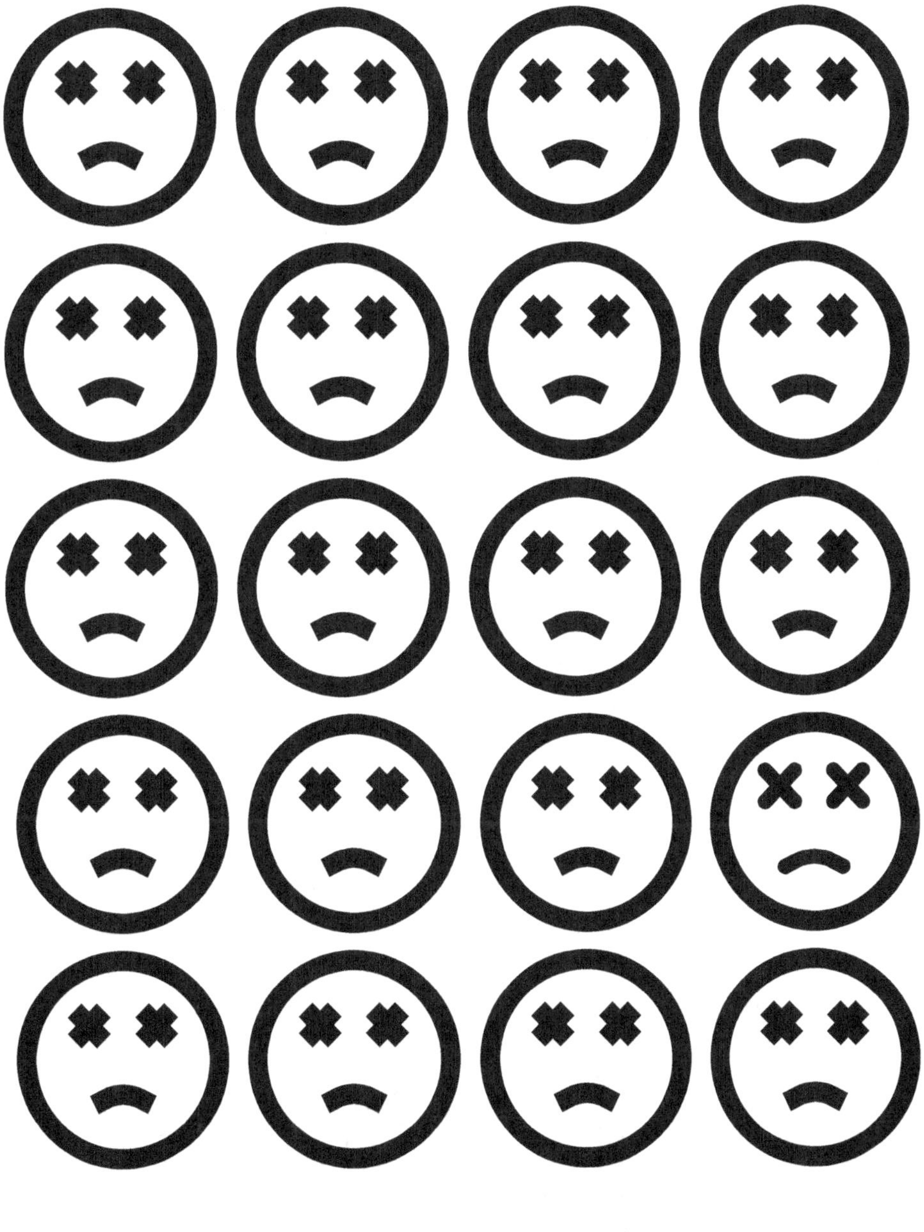

Word Search 4

Solve the puzzle. Find the hidden words.

```
B T H U N D R E D O B J E C T I V E H O
K E K E E W F T M A J O R W D X Q D J L
R F L Y J U J F E L A C D E B T J I R E
A E Y B T B U R R L Q H K B N Y P Q D B
C V Z U I K G E A E L F I V E W E A R E
I J R X P D D Y F T Z U J D A T O F C C
A E C U S A E B G O I I B D D J T N L U
L B S L E E P R E E O N E I V G O E I R
S E V R B N Q A C M N R G S I H G P R A
H L J M P E U E V N A E P D S A W E E D
D O U H I T D C T L I G R M E T F E M I
E W L V H U X R B U Y M N A R P G W O C
S X Y O M Z C O O K B Z R D L I W S T A
O E R T M R H Q S O F I I C F L C S I L
P X M T O N A K R V M K R T E J Y T O X
O Y O A X F A W T G W J L T I Q O O N L
R Y R N O I S S E R P E D O S E F U A V
P P F J L W A A T T E N D E K I P G L D
S E H Y M H C R U H C E V E N T D H G U
M J L R M C F F I V E T H P V I S I O N
```

ADVISER	DISTRIBUTE	INCREDIBLE	SEIZE
ATTEND	EMOTIONAL	MAJOR	SLEEP
AUTHOR	EVENT	OBJECTIVE	SWEEP
BEDROOM	FIVE	ONCE	TOUGH
BELOW	FROM	PROOF	VISION
BETTER	FUTURE	PROPOSED	WARM
BULLET	GAME	RACIAL	WEAR
CHURCH	GENERALLY	RADICAL	WEEK
DEBT	GIFT	RATING	
DEPRESSION	HUNDRED	READER	

Cryptogram: Secret message puzzle 4

WHAT'S THE RIDDLE?

My life is over in a matter of hours. Although I am bright and warm, wind can do me harm. What am I?

A	B	C	D	E	F	G	H	I	J	K	L	M	N	O	P	Q	R	S	T	U	V	W	X	Y	Z

__ __ __   __   __ __ __ __ __ __
17   6 25   6   14 6 23 7 10 5

Directions: The "Key" at the top of the page lists all the letters from A to Z with a box below. Each of the letters has a number that corresponds to it. The bottom part contains a secret phrase. Each of the blanks under the secret phrase has a number underneath it. Find the letters that correspond to the numbers below the blanks to solve the secret phrase.

Fact or Cap?
(TRUE OR FALSE)

In the two weeks following Mardi Gras, over 3.4 million tons of beads will be collected and recycled.

Circle the answer below

T   F

Find the Difference 3
Solve the puzzle. Find 9 differences. Circle each one.

Sudoku 4
Solve the puzzle

3	2	1		5		9	4	7
7	8			1			6	5
		6	7		4	1		
5	4	9				7	8	6
			9		6			
1		5		6		4		2
	3		2		7		5	
2		7		4		8		3

Word Scramble 2
Unscramble the Words

EETNR _____

AYEDYREV _____

ERRMOF _____

FRWOAKMRE _____

GUIDNFN _____

AONEEGRTNI _____

LHEOSUDOH _____

RGINEO _____

ACMARE _____

VSIATIORGETN _____

NOLVIEDV _____

IENL _____

TALIAONN _____

TGHIN _____

ERDEAR _____

NNIURGN _____

INTISTECS _____

PMLESI _____

LKAW _____

WCHHI _____

Kakuro 4

Solve the puzzle. The rules of Kakuro are simple - place the numbers 1 to 9 into the puzzle grid so that each continuous horizontal or vertical run of empty squares adds up to the value to the left of it or above it respectively. This value is shown either to the right or below a diagonal line.

Slice Puzzle 4

Solve the puzzle. Draw each figure in the matching letter and number square below.

Maze 5

Solve the puzzle. Start at S and end at E.

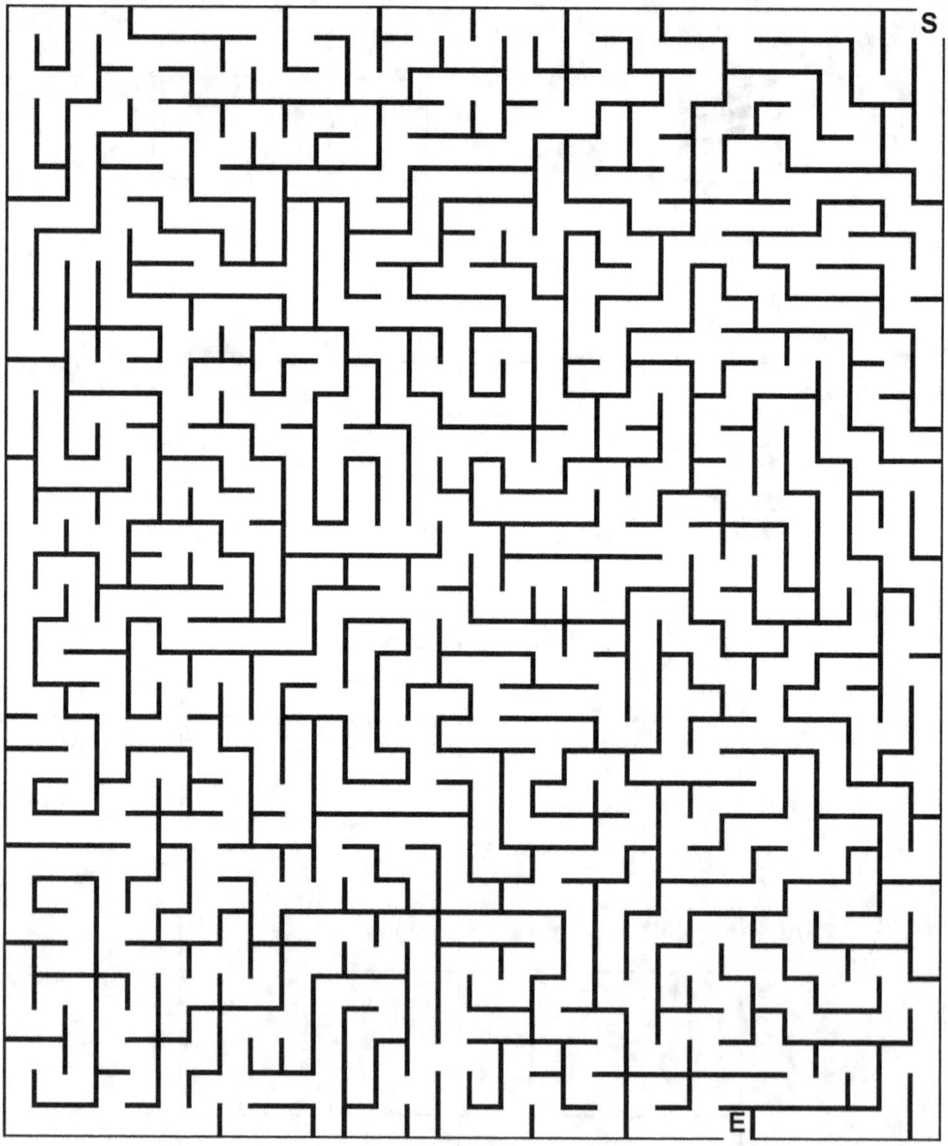

Sudoku 5
Solve the puzzle

			6	9		8		
	7	4		8	1	3	6	
8	1		7		5		4	
	8	5				7		4
2	3						8	6
4		9				5	2	
	9		5		3		1	7
	4	1	9	7		6	5	
		2		4	6			

Odd Emoji Out 5

Solve the puzzle. Circle the one that is different.

Word Search 5

Solve the puzzle. Find the hidden words.

```
V P K D I S T R I B U T I O N N T X V T
M N O T E S T T U O B L H R G S K R O W
M M C O M M U N I C A T E G W R X Y H B
T P T F A V B N T W U G V S I O I N Q D
H S E R F T U H I N D N U O W R L G W J
T J X J W X Y R D L E S A B A I B F G B
O C O O K I E M X D S G G Y T U P Z A X
Y V N Y E N R U O J E D A D C Z S M R T
N I A P K L Q X R Q Y K W P S A H I A F
O P N O I S S E R P X E A G W K B X G O
D E V E L O P M E N T C I N O C D L E O
D K Z K A J U O D S C A L E M A T N E L
O R Y R E V O C S I D C V Z A T B P E L
A K W F W D O O L B S O T H N T Y B U T
W A C O R P O R A T I O N F K A A C O Q
E E P S I G N I F I C A N T W L K D I G
X P G Q N E V O I M A G I N E Y A P B B
P N V Q W M E T A R E P O L Y Y N N H G
I H S K R C O M P A N Y S K X I S D I Y
V U O E T A M I T L U B P O S S I B L E
```

AGENT
ATTACK
BASE
BLOOD
BRIGHT
CABLE
COMMUNICATE
COMPANY
COOKIE

CORPORATION
DEVELOPMENT
DISCOVERY
DISTRIBUTION
EXPRESSION
FLOW
FRESH
GARAGE
IMAGINE

JOURNEY
LABEL
LUCKY
NAKED
NOTE
OPERATE
OVEN
PAIN
PEAK

POSSIBLE
SCALE
SIGNIFICANT
TODAY
ULTIMATE
WOMAN
WORKS
WOUND

Kakuro 5

Solve the puzzle. The rules of Kakuro are simple - place the numbers 1 to 9 into the puzzle grid so that each continuous horizontal or vertical run of empty squares adds up to the value to the left of it or above it respectively. This value is shown either to the right or below a diagonal line.

DRAW A PRETZEL RIDING A SKATEBOARD

NEVER HAVE I EVER GAME

Check off each item below that you have done. Each checked item is one point. Next add your total points and see how you scored!

- [ ] Never have I ever fallen out of bed while sleeping.
- [ ] Never have I ever eaten insects.
- [ ] Never have I ever thought of not eating meat again.
- [ ] Never have I ever coughed on someone.
- [ ] Never have I ever hidden the remote so I could watch what I wanted.

What's your score?_____

5 - Wow! You're amazing!
4 - Not too bad
3 - Meh. Kinda boring
2 - Yikes. Not that great
1 - Time to live a little more!

Cryptogram: Secret message puzzle 5

WHAT'S THE RIDDLE?

I have two hands, but I can not clap. What am I?

A	B	C	D	E	F	G	H	I	J	K	L	M	N	O	P	Q	R	S	T	U	V	W	X	Y	Z

__   __ __ __ __ __
2   14 12 5 14 9

Directions: The "Key" at the top of the page lists all the letters from A to Z with a box below. Each of the letters has a number that corresponds to it. The bottom part contains a secret phrase. Each of the blanks under the secret phrase has a number underneath it. Find the letters that correspond to the numbers below the blanks to solve the secret phrase.

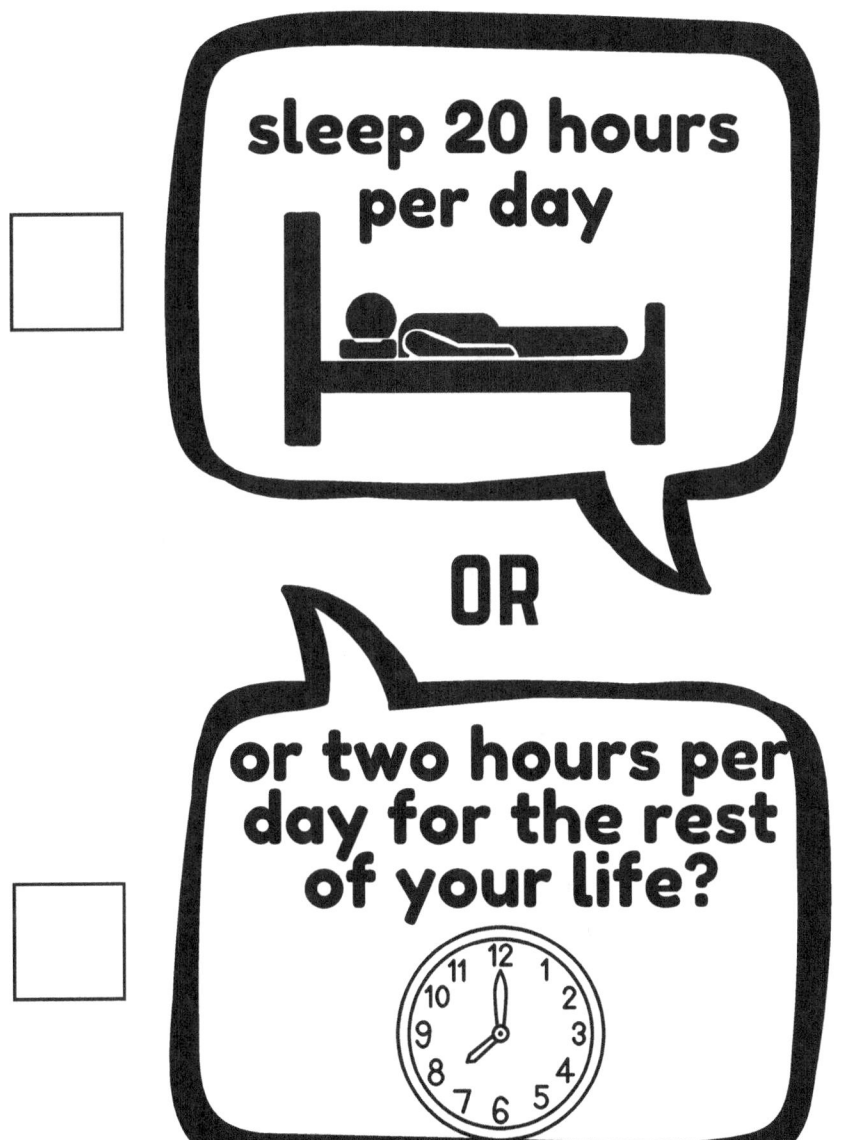

TRIVIA
Circle the correct answer

HOW MANY BONES ARE THERE IN THE HUMAN BODY?

a) 401
b) 206
c) 193
d) 348

Games for Two Players: Dots and Boxes

HOW TO PLAY:

In the grid below, two players take turns drawing a single horizontal or vertical line between two dots. The player who completes the fourth side of a box marks their initial in the box and gets one point. They also get the next turn. The game is over when no more lines can be placed in the grid. The player with the most points wins.

Winner: _____

Winner: _____

Winner: _____

Winner: _____

Winner: _____

Winner: _____

Games for Two Players: Tic Tac Toe

HOW TO PLAY:

Two players. Choose the letter "X" for the first player and "O" for the second player. Decide which player will make the first move. Place X's and O's in grid boxes. The player with three X's or three O's in a row vertically, horizontally or diagonally wins.

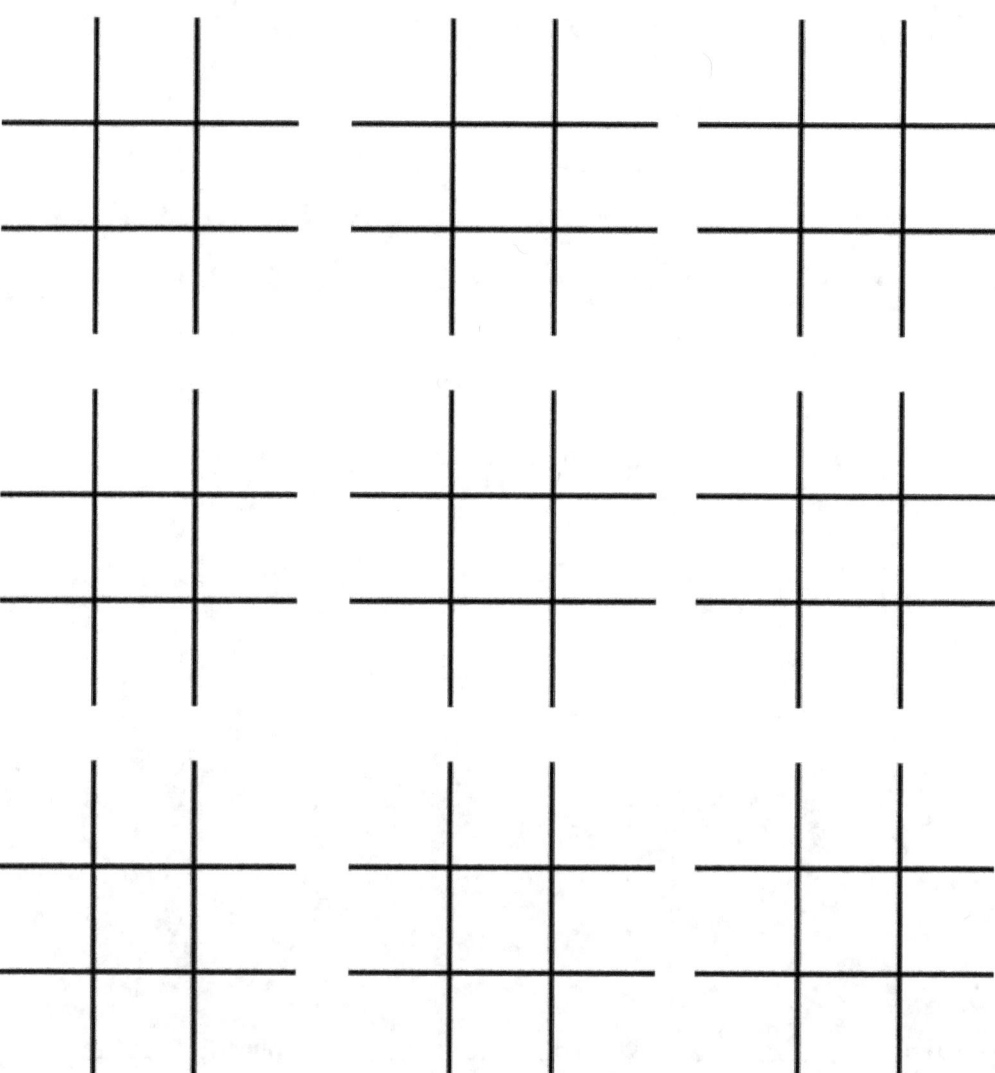

SOLUTIONS

Trivia Answers

IN THE WIZARD OF OZ, WHAT WAS THE LION LOOKING FOR? **Courage**

WHAT BEES USE TO MAKE HONEY? **Nectar**

WHAT DO YOU CALL A GROUP OF OWLS? **Parliament**

WHERE IS THE GOLDEN GATE BRIDGE LOCATED? **San Francisco**

HOW MANY BONES ARE THERE IN THE HUMAN BODY? **206**

Maze Puzzles

Maze 1

Maze 2

Maze 3

Maze 4

Maze 5

True or False

Turning the faucet off while brushing your teeth can save up to 5 gallons of water. **TRUE.**

The indentation in the middle of the area between the nose and the upper lip is called The philtrum. **TRUE.**

Archaeologists recently discovered a primitive coffee filter from 3200 BC. **FALSE.**

Trees, not whales, are the largest living organisms on Earth today. **TRUE.**

In the two weeks following Mardi Gras, over 3.4 million tons of beads will be collected and recycled. **FALSE.**

Slice puzzle 1

Slice puzzle 2

Slice puzzle 3

Slice puzzle 4

Sudoku 1

7	2	3	8	4	6	1	5	9
6	1	5	3	9	2	4	7	8
8	4	9	7	1	5	6	3	2
3	7	8	6	5	4	9	2	1
1	9	4	2	8	7	3	6	5
2	5	6	9	3	1	8	4	7
5	6	1	4	7	9	2	8	3
4	8	7	1	2	3	5	9	6
9	3	2	5	6	8	7	1	4

Sudoku 2

3	2	7	1	5	8	9	4	6
6	1	9	4	3	7	5	8	2
5	4	8	9	6	2	7	1	3
1	8	6	5	7	4	3	2	9
4	3	2	6	8	9	1	5	7
9	7	5	3	2	1	4	6	8
7	6	4	2	1	3	8	9	5
8	5	1	7	9	6	2	3	4
2	9	3	8	4	5	6	7	1

Sudoku 3

1	5	3	8	4	7	6	2	9
9	4	8	2	6	1	5	3	7
7	6	2	3	5	9	8	1	4
2	7	5	6	9	3	4	8	1
8	1	4	7	2	5	3	9	6
6	3	9	4	1	8	7	5	2
5	2	6	9	3	4	1	7	8
4	8	1	5	7	2	9	6	3
3	9	7	1	8	6	2	4	5

Sudoku 4

3	2	1	6	5	8	9	4	7
7	8	4	3	1	9	2	6	5
9	5	6	7	2	4	1	3	8
5	4	9	1	3	2	7	8	6
6	7	2	4	8	5	3	1	9
8	1	3	9	7	6	5	2	4
1	9	5	8	6	3	4	7	2
4	3	8	2	9	7	6	5	1
2	6	7	5	4	1	8	9	3

Sudoku 5

5	2	3	6	9	4	8	7	1
9	7	4	2	8	1	3	6	5
8	1	6	7	3	5	2	4	9
1	8	5	3	6	2	7	9	4
2	3	7	4	5	9	1	8	6
4	6	9	8	1	7	5	2	3
6	9	8	5	2	3	4	1	7
3	4	1	9	7	8	6	5	2
7	5	2	1	4	6	9	3	8

Odd Emoji Out 1

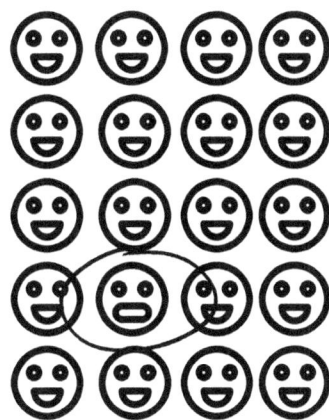

Odd Emoji Out 2

Odd Emoji Out 3

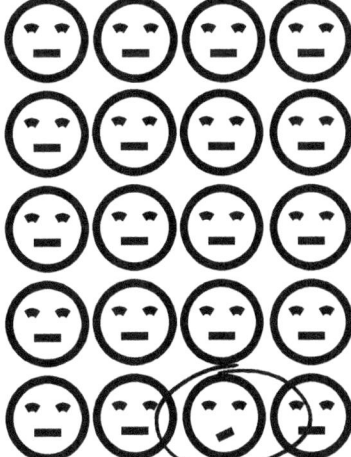

Odd Emoji Out 4

Odd Emoji Out 5

Find the Difference 1

Find the Difference 2

Find the Difference 3

Word Search 1

Word Search 2

Word Search 3

Word Search 4

Word Search 5

Kakuro 1

Kakuro 2

Kakuro 3

Kakuro 4

Kakuro 5

Samarai Sudoku 1

9	2	5	3	8	1	4	6	7				1	3	7	4	8	5	9	6	2
7	3	4	5	9	6	1	2	8				9	6	4	2	7	3	5	8	1
8	1	6	7	4	2	5	9	3				5	8	2	6	9	1	4	7	3
6	9	2	8	3	4	7	1	5				3	7	9	1	6	4	2	5	8
5	8	1	9	6	7	3	4	2				8	5	6	3	2	9	1	4	7
4	7	3	2	1	5	9	8	6				2	4	1	8	5	7	3	9	6
3	6	9	4	5	8	2	7	1	3	5	6	4	9	8	7	1	2	6	3	5
2	5	8	1	7	9	6	3	4	9	1	8	7	2	5	9	3	6	8	1	4
1	4	7	6	2	3	8	5	9	7	4	2	6	1	3	5	4	8	7	2	9
						1	8	2	5	9	4	3	7	6						
						7	6	5	8	3	1	2	4	9						
						4	9	3	6	2	7	8	5	1						
1	9	7	3	4	6	5	2	8	1	7	3	9	6	4	5	3	7	2	1	8
5	3	2	1	7	8	9	4	6	2	8	5	1	3	7	8	4	2	9	5	6
6	4	8	9	2	5	3	1	7	4	6	9	5	8	2	1	6	9	7	4	3
3	1	4	8	6	2	7	5	9				4	1	3	7	5	6	8	2	9
8	5	9	7	3	1	2	6	4				2	5	8	9	1	3	4	6	7
2	7	6	5	9	4	1	8	3				6	7	9	4	2	8	5	3	1
7	2	1	6	8	9	4	3	5				8	2	1	3	7	5	6	9	4
4	6	3	2	5	7	8	9	1				3	9	5	6	8	4	1	7	2
9	8	5	4	1	3	6	7	2				7	4	6	2	9	1	3	8	5

Samarai Sudoku 2

2	6	9	4	1	8	5	3	7				3	7	9	5	8	4	1	2	6
3	4	7	6	9	5	8	2	1				6	1	2	3	9	7	5	4	8
5	8	1	7	2	3	6	9	4				4	8	5	1	2	6	7	9	3
4	7	5	3	8	2	1	6	9				9	6	3	8	4	1	2	7	5
9	2	8	1	7	6	3	4	5				5	4	7	9	6	2	8	3	1
1	3	6	5	4	9	2	7	8				1	2	8	7	5	3	9	6	4
6	1	4	8	3	7	9	5	2	7	6	4	8	3	1	4	7	9	6	5	2
8	9	3	2	5	4	7	1	6	8	3	5	2	9	4	6	1	5	3	8	7
7	5	2	9	6	1	4	8	3	9	2	1	7	5	6	2	3	8	4	1	9
						2	9	5	6	7	3	4	1	8						
						3	4	7	1	9	8	6	2	5						
						8	6	1	5	4	2	9	7	3						
8	1	6	9	7	3	5	2	4	3	8	9	1	6	7	8	2	5	4	9	3
7	2	9	1	4	5	6	3	8	2	1	7	5	4	9	7	3	6	1	8	2
5	3	4	8	6	2	1	7	9	4	5	6	3	8	2	9	4	1	6	7	5
9	6	1	2	8	4	7	5	3				2	1	8	6	9	7	3	5	4
2	7	3	5	9	1	4	8	6				4	5	6	1	8	3	9	2	7
4	8	5	6	3	7	9	1	2				9	7	3	2	5	4	8	6	1
1	4	2	3	5	6	8	9	7				8	9	4	5	1	2	7	3	6
6	5	8	7	2	9	3	4	1				6	3	5	4	7	9	2	1	8
3	9	7	4	1	8	2	6	5				7	2	1	3	6	8	5	4	9

Samarai Sudoku 3

9	1	4	7	3	6	2	5	8				8	4	1	2	3	5	7	6	9
8	3	5	4	1	2	6	7	9				3	7	5	1	6	9	8	2	4
2	6	7	9	8	5	3	4	1				6	2	9	8	7	4	3	5	1
6	5	8	3	7	1	9	2	4				9	5	8	7	2	1	4	3	6
3	9	1	2	6	4	7	8	5				1	3	2	9	4	6	5	7	8
7	4	2	8	5	9	1	3	6				4	6	7	3	5	8	1	9	2
1	7	3	5	9	8	4	6	2	1	8	5	7	9	3	4	8	2	6	1	5
4	8	9	6	2	7	5	1	3	7	4	9	2	8	6	5	1	3	9	4	7
5	2	6	1	4	3	8	9	7	3	6	2	5	1	4	6	9	7	2	8	3
						3	2	8	9	7	6	4	5	1						
						6	7	1	4	5	8	9	3	2						
						9	5	4	2	3	1	8	6	7						
8	1	3	7	6	9	2	4	5	6	9	3	1	7	8	2	4	5	9	3	6
6	7	2	4	8	5	1	3	9	8	2	7	6	4	5	3	9	1	8	2	7
4	9	5	3	2	1	7	8	6	5	1	4	3	2	9	7	6	8	5	4	1
3	6	9	5	1	8	4	2	7				4	5	1	9	2	6	3	7	8
5	2	4	9	3	7	6	1	8				7	6	3	8	5	4	2	1	9
7	8	1	6	4	2	5	9	3				8	9	2	1	7	3	6	5	4
2	3	8	1	7	6	9	5	4				5	3	6	4	1	9	7	8	2
9	4	6	2	5	3	8	7	1				9	1	7	5	8	2	4	6	3
1	5	7	8	9	4	3	6	2				2	8	4	6	3	7	1	9	5

Word Scramble 1

EOCNIDIS	DECISION
APEDRPSAI	DISAPPEAR
DRAIWGN	DRAWING
TDREOI	EDITOR
ENEPSXE	EXPENSE
RFIA	FAIR
WOOLFL	FOLLOW
REAG	GEAR
YHGIHL	HIGHLY
TLUATEEICLNL	INTELLECTUAL
UMTSBI	SUBMIT
EITNVI	INVITE
ENOT	TONE
HSCIMENAM	MECHANISM
LOOT	TOOL
CTEION	NOTICE
DIMSWO	WISDOM
RIEPONNTM	PROMINENT
TREEPDN	PRETEND
RIIPTS	SPIRIT

Word Scramble 2

EETNR	ENTER
AYEDYREV	EVERYDAY
ERRMOF	FORMER
FRWOAKMRE	FRAMEWORK
GUIDNFN	FUNDING
AONEEGRTNI	GENERATION
LHEOSUDOH	HOUSEHOLD
RGINEO	IGNORE
ACMARE	CAMERA
VSIATIORGETN	INVESTIGATOR
NOLVIEDV	INVOLVED
IENL	LINE
TALIAONN	NATIONAL
TGHIN	NIGHT
ERDEAR	READER
NNIURGN	RUNNING
INTISTECS	SCIENTIST
PMLESI	SIMPLE
LKAW	WALK
WCHHI	WHICH

Word Scramble 3

ERINET	ENTIRE
SSHABETIL	ESTABLISH
SARSG	GRASS
TIVCNENIE	INCENTIVE
MOECIN	INCOME
SENLOS	LESSON
HRSU	RUSH
EMHNCIA	MACHINE
NSAD	SAND
TNNIEOM	MENTION
SSCSLCFEUU	SUCCESSFUL
TUNMO	MOUNT
ATHCE	TEACH
EOTOPRRA	OPERATOR
SSTO	TOSS
POEM	POEM
NUELC	UNCLE
OYPLCI	POLICY
IQUTE	QUITE
RALLEY	REALLY

Secret message puzzle 1

Why does ice cream get invited to every party?
Because it is cool and sweet.

Secret message puzzle 2

I can make two people out of one. What am I?   Answer: A mirror.

Secret message puzzle 3

I am dirty when I'm white, and clean when I'm black. What am I? Answer: A blackboard.

Secret message puzzle 4

My life is over in a matter of hours. Although I am bright and warm, wind can do me harm. What am I? Answer: I am a candle.

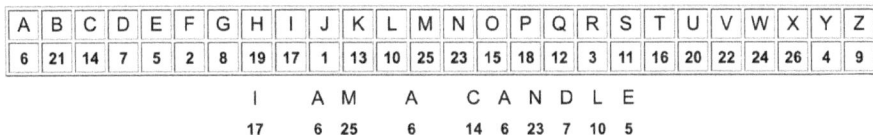

Secret message puzzle 5

I have two hands, but I can not clap. What am I?   Answer: A clock.

Thank you for purchasing this book! Did you enjoy the Would You Rather questions? We want you to keep having fun, so as a special thank you please download this FREE gift:

201 Would You Rather questions!

The questions come in a pdf that you can download to your phone and easily take with you on your next trip to enjoy with your family and friends!

Download here:
https://linktr.ee/mattisonsavage

If you enjoyed this book please consider leaving a review online. Your feedback helps us make more and better books for you.

Thank you!

www.ingramcontent.com/pod-product-compliance
Lightning Source LLC
Chambersburg PA
CBHW062356220526
45472CB00008B/1827